SMEUR AN DOCHAIS · BRAMBLE OF HOPE

POEMS BY
DERICK THOMSON

Bramble of Hope

———

CANONGATE
1991

DAIN LE
RUARAIDH MACTHOMAIS

Smeur an Dòchais

———

CANONGATE
1991

CONTENTS

CLAR

1   *Glasgow*
    wrinkled
    with the paint cracking
    standing
    unsteadily
    on high heels.

2   *Dark eyes,*
    strained,
    the skin tight on the cheekbone,
    thin, drained,
    the little pained eyes
    of Glasgow
    observing the nothingness of eternity.

3   *You have a healthy look ,*
    forty-year-old old man,
    sitting on the threshold
    of an office in St. Vincent Street,
    shoeless,
    eating an onion.

4   The City Chambers

    Green and red and yellow,
    purple and white and blue,
    Christmas stars in St. George's Square,
    all sorts of windows,
    the door of plenty opening,
    a key being proffered,
    cream in the churn
    and cakes on the table

1   Glaschu
     rocach
     's am peant a' sgàineadh
     'na seasamh
     cugallach
     air cnapan àrda.

2   Sùilean dubha,
     teannaichte,
     an craiceann dlùth air cnàmh na gruaidhe,
     tana, sìolte,
     sùilean beaga piante
     Ghlaschu
     a' coimhead neonitheachd na sìorraidheachd.

3   Coltas na slàinte ort,
     a bhodaich an dà fhichead bliadhna,
     'na do shuidh air starsaich
     oifis air Stràid an Naoimh Vincent,
     gun bhrògan ort,
     ag ithe uinean.

4   *Talla a' Bhaile*

     Uaine is dearg is buidhe,
     purpaidh is geal is gorm,
     rionnagan Nollaig an Ceàrnag Dheòrsa,
     uinneagan de gach seòrsa,
     dorais a' phailteis a' fosgladh,
     iuchair ga tairgse
     uachdar ann am muidhe
     is aran-milis air bòrd.

12)

High, high on the Chambers
there is a green light,
and the Glasgow Fairies
are busy with pen and paper
weighing the price of the votes
that will return them to the Fairy Mansion.

5   Orange Parade in Glasgow

Darts of music stabbing them
under the pale sun,
sharp and sweet,
dust on the tongue,
a trumpet swelling,
past battles,
the memory of destruction,
gold on branches,
drum in the close,
turning a key
in a rusted lock,
a spike in a tree without fruit.

Gu h-àrd, àrd air an talla
tha solas uaine,
's tha Sìthichean Ghlaschu
dripeil le peann is pàipear
a' tomhais luach nam vòtaichean
a chuireas air ais dhan a' bhruighean iad.

5   *'Orange Parade' an Glaschu*

Gathan a' chiùil a' dol trompa
fon a' ghrèin fhann,
geur is milis,
dusd air an teanga,
trompaid ag at,
cathan a bh' ann,
cuimhne na mhilleadh,
òr air mheangan,
druma ann an clobhs,
a' cur iuchair
ann an glas air meirgeadh,
spìc ann an crann gun mheasan.

6   When I hear
    Glasgow waitresses
    talking earnestly
    about Perry Como
    or Starsky and Hutch,
    or singing a song
    by John Lennon,
    I remember
    that Wallace
    is out the window,
    and Alasdair Mac Colla*
    at the mill of Gocam-go
    and my country, for lack of will,
    has gone to hell.

7   Thoughts in a Glasgow cafe

    From distant Burma they were,
    young, lovely, with laughter on their shapely lips,
    the sun's soft kisses on them still
    after the moistness left by the monsoon,
    a delicate music my ears could not properly hear,
    and I felt some kindness towards them in my heart –
    I understood how difficult is it for the SED
    to understand the Gaels' wishes.

*It was said of Alasdair Mac Colla – Colkitto – that when
he found himself at this mill his time was up

6   Nuair a chluinneas mi
     ban-fhrithealaich à Glaschu
     a' dèanamh mion-chòmhradh
     mu Pherry Como,
     no Starsky is Hutch,
     no a' gabhail fear de na h-òrain
     aig Iain Lennon,
     cuimhnichidh mi
     gu bheil Ualas
     air cùl na còmhla,
     is Alasdair mac Colla
     aig Muileann Ghocam-gò,
     's an dùthaich agam, le dìth tuigse,
     air a dhol a thaigh na bidse.

7   *Smuaintean ann an cafe an Glaschu*

     A iomallan Burma a bha iad,
     òg, brèagh, is gàir' air am bilean dealbhach,
     pògan tais na grèin' orra fhathast
     an dèidh buige a' mhonsoon,
     ceòl mìn nach togadh mo chluasan ceart,
     's bha beagan aoibhneis 'na mo chridhe riutha –
     thuig mi cho duilich 's a tha e dhan SED
     iarrtasan nan Gaidheal a thuigsinn.

8   Worship

Driving along Sauchiehall Street
close to the Third Eye
I saw a man kneeling in the middle of the road —
it was quarter to eight in the evening —
he rose and let me past,
a mannerly man
who did not let his worship come between him
and the world he was visiting.

I don't know
whether it was to Cyclops or Moloch,
or Shoni
he was kneeling.
I prefer not to ask.

9   A red man at an angle

On St. George's Street,
a bit late,
I saw the Red Man
who holds the pedestrians back
standing at an angle;
I wonder if it was he who was off the straight?
Hold on!
Was the chief of the Red Men drunk?
Only St. George knows.

A' dràibheadh a-null Stràid Sauchiehall
faisg air a Third Eye
chunnaic mi fear air a ghlùin am meadhon an rathaid –
cairteal gu ochd feasgar –
dh' èirich e 's leig e seachad mi,
duine modhail
nach do leig adhradh eadar e
's an saoghal anns an robh e tadhal.

Chan eil fhios agam
an e Cyclops no Moloch
no Shoni
don robh e lùbadh a ghlùin.
'S fheàrr leam gun faighneachd.

9   *Bodach dearg le liost air*

Air Stràid an Naoimh Seòras,
rudeigin anmoch,
chunnaic mi 'm bodach dearg
a tha bacadh imeachd nan coisichean
le liost air;
'n dùil an ann air a' bhodach a bha an liost?
Stad ort:
An robh an deoch air ceannabhair nam bodach dearga?
Aig an Naomh Seòras tha fios.

10   *Standing at the edge of the street*
on Great Western Road,
near St. George's Cross,
wearing a fairly long coat and a bonnet,
unshaven,
shouting to the moving congregation
in the cars;
I didn't hear the words but got the sense:
'Children of the Devil,
can't you take it easy —
you're drunk!'

11   *The treasure was half-hidden*
like all precious things,
you sidled up to it,
a little uncertain, ashamed
at the street corner,
remembering yourself
on another day, another year,
in a world you lost;
I looked the other way;
you almost walked past,
but your need was great,
and throwing a glance in my direction
you put your hand in
and took a piece of bread from among the rubbish
and chewed your pride under lowering eyebrows.

'Na sheasamh aig oir na stràide,
air Great Western Road,
faisg air Crois an Naoimh Sheòrais,
còta meadhonach fad air is bonaid,
is bun-feusaig,
ag èigheachd ris a' choimhthional ghluasadach
anns na càraichean:
cha chuala mi na briathran ach thuig mi iad:
'A chlann an Diabhail,
nach dèan sibh air ur socair,
's an deoch oirbh'.

11   Bha 'n ulaidh an leth-fhalach
mar gach nì luachmhor,
theann thu suas rith',
rud beag diùid, nàir
aig oisinn na stràid,
a' cuimhneachadh ort fhèin
là, bliadhna a bh' ann,
saoghal a chaill thu;
sheall mi 'n taobh eile;
cha mhòr nach do ghabh thu seachad,
ach bha d' fheum làidir,
's le sùil bheag an taobh a bhà mi
chuir thu do làmh ann
's thug thu bloigh arain às an sprùilleach
is chagainn thu d' uaill fo na mùgan.

12   Priest in Glasgow

The Glasgow priest
who fled from Father Christmas
who makes people crazy
with his bag and his purse
made his weary way
to the other side of the earth;
some say
that this was a bit daft,
and that there is always a need
next door for a priest,
unless his neighbour is a Seceder
in which case he has to travel farther,
but Glasgow after all is a big place.

13   Tradestown Street
(remembering William Livingston)

Where you used to sit on your own
writing the history of the Druids,
and Scotland's story,
thinking of Bruce and Wallace
and of the Norsemen in Islay,
hoping for a new dawn,
now we have the bustle of another era,
Indians with their emporia,
the turban instead of the Highland bonnet,
history depreciated,
and the new day far distant.

An sagart ann an Glaschu
a theich roimh Bhodach na Nollaig,
le mhàileid 's le sporan
a' cur dhaoine glan às an ciall,
rinn e a thriall
gu iomall eile an t-saoghail;
tha cuid ag ràdh gu robh seo car baoghal,
's gu bheil feum an ath-dhoras
air sagart an còmhnaidh,
nas lugha na gur h-e Sèadair
as nàbaidh dha: 's fheudar
an uairsin a dhol nas fhaide,
ach nach mòr am baile Glaschu?

13   *Stràid Tradestown*
      (a' cuimhneachadh Uilleam MacDhunlèibhe)

Far am biodh tu suidhe san t-sàmhchair
a' sgrìobhadh eachdraidh nan draoidhean,
is sgeulachd na h-Albann,
a' smaoineachadh air Brus is Ualas,
is na Lochlannaich an Ile,
's do dhùil ri là ùr,
tha an-diugh againn driop là eile,
Innseanaich len taighean-badhair,
turban an àite a' bhonaid Ghaidhealaich,
eachdraidh air a cur an dìmeas
's an là ùr fad air falbh.

22)   14   *Saturday afternoon*
            on Argyll Street
            I would wish you took my hand
            if only I knew
            where we were going.

        15   *Warm Italian talk surrounding me*
             close to the heart of this city,
             Barolo vowels,
             Valpolicella consonants:
             one of the New Italies
             where opera still lives;
             I daresay
             there's a Caruso in some Taverna or other;
             and if a Dante survives
             he doesn't have far to go
             to find an Inferno;
             but my Paradiso is lost
             somewhere in Glasgow.

        16   *Scent of vinegar in my nostrils*
             walking under the Bridge
             in Argyll Street
             a week before Christmas,
             keen is the pain
             and sore the blow,
             bare the cross
             and sharp the cutting.

Feasgar Disathairne
	air Stràid Earra-Ghaidheal
	dh' iarrainn ort do làmh a chur 'na mo làimh-sa
	nam biodh fhios agam
	càit a robh sinn a' dol.

15	Cainnt bhlàth Eadailteach gam shuaineadh
	faisg air cridhe a' bhaile mhòir seo,
	foghairean Barolo,
	co-fhoghairean Valpolicella:
	tè dhe na h-Eadailtean Nuadha
	is opera beò innt' fhathast;
	chan eil mi 'g ràdh
	nach eil Caruso ac' ann an Taverna air choreigin;
	's ma tha Dante fhathast ann
	chan eil fad aige ri dhol
	gus a lorg e Inferno;
	ach tha mo Pharadiso-sa caillte
	am badeigin an Glaschu.

16	Fìon-geur 'na mo chuinnlean
	a' dol fon Drochaid
	air Stràid Earra-Ghaidheal
	seachdain roimhn Nollaig,
	geur an cràdh
	is goirt an earrag,
	lom an crann
	is geur an gearradh.

24) 17 Sitting in the cafe,
          two girls across the table,
          I felt hot tears
          behind my lashes;
          it wasn't the little ear-rings
          they wore on their ears,
          nor the cheap ring one of them wore,
          nor was it just the clothes
          though they were only so-so:
          I was afraid of the time to come,
          and pained, to think,
          in the middle of Glasgow,
          that neither love nor heroism
          would keep these hearts from withering.
          Thinking these thoughts, and I suppose,
          others too.

      18 Though your day was over
          the year before last
          you must still walk the streets,
          packed and lonely as they are,
          wearing a little green hat,
          the wind cold on your cheek,
          looking steadily
          at what you lost.

          It isn't easy
          to find it again
          among the stones.

          It is difficult
          to put your finger on it
          in this mist.

17 'Nam shuidh anns a' chafe,
is dithis chaileag air taobh eile a' bhùird,
dh' fhairich mi teas nan deur
air chùl mo rasgan;
cha b' e na failbheagan beaga
a bha 'nan cluasan,
no 'n fhàinne shaor a bh' air an dara tè,
's cha b' e buileach an t-aodach
ged a bha e mar a bhà e:
's ann a bha eagal orm roimhn an àm ri teachd
is cràdh,
ann am meadhon Ghlaschu,
nach cumadh gràdh no gaisgeachd
na cridheachan sin gun seargadh.
Bha sin ann 's tha mi creidsinn
rudan eile.

18 Ged a bha do shaoghal seachad
a' bhòn-uraidh
feumaidh tu bhith coiseachd nan stràidean
dùmhail uaignidh,
ad bheag uaine ort
's a' ghaoth fhuar air do leithcheann,
do shùil gun fhiaradh
air an nì a chaill thu.

Chan eil e furasd
a lorg a-rithist
a-measg nan clachan.

Tha e duilich
làmh a chur ann
anns a' cheò seo.

THURSDAY MORNING,
IN A GLASGOW POST OFFICE

From the streets
and from the back-streets of the city
they converged
on the Post Office
the lame and the halt:
a man dragging his crooked legs along,
a young man with black scars on his face,
another whose eyes bulged from his head,
a youngish woman
haggard with drink,
an old man in his slippers,
stubbly beard and long hair,
wearing thin trousers,
each one looking to the head of the queue,
holding his slip of paper,
going to the spring in the desert
where the feast was,
blind and following the light,
deaf and eager for music.
I looked to see if Christ
was behind the counter,
but the halt were there too.
Standing in the queue there
thinking I was whole.

Bho shràidean
agus bho chaol-shràidean a' bhaile
chruinnich iad
gu Oifis a' Phuist,
na bacaich agus na ciorramaich:
fear a' slaodadh nan casan càm aige,
duin' òg le sgreaban dubh' air aodann,
fear eile le na sùilean ag at 'na cheann,
boireannach letheach-òg
creachte leis an òl,
seann bhodach 'na shliopairean,
bun-feusaig is falt fada,
is briogais thana,
gach duine 's a shùil air toiseach a' chiudha
's a bhileag 'na làimh,
a' dol gu fuaran an fhàsaich
far a robh a' chuirm,
dall is mar a bhà iad
a' leantainn an t-solais,
bodhar is cluais ri ceòl.
Sheall mi gun fhios nach robh Crìosda
air cùl a' chunntair,
ach bha na bacaich ann a sin cuideachd.
Mise 'nam sheasamh anns a' chiudha
a' smaoineachadh gu robh mi slàn.

Cancer nibbling
at that iron jaw,
digging into the bone,
while the brain struggles
to complete the picture
that began to grow
little by little in that distant womb
before he tasted his mother's breast,
before his father's shadow fell;
the deadly cells proliferating
in the lower part of the face,
the chin shattered,
pressing in on the thought that ran
in that red blood for scores of years
and has gone since then
into the brain of the world,
spreading and spoiling and healing.

An aillse a' criomadh
a' charbaird iarainn ud,
a' tolladh anns a' chnàimh,
's an eanchainn a' strì
ris an dealbh a dhèanamh coimhlionta
a thòisich a' fàs
beag air bheag anns a' bhrù chian sin
mus do bhlais e cìoch a mhàthar,
mus tàinig sgàile athar air àrainn;
na ceallan bàsail a' sgaoileadh,
a' bruthadh an smuain
a bha a' ruith anns an fhuil dhearg sin
fad ficheadan bliadhna,
's a chaidh bhon uair sin
ann an eanchainn an t-saoghail,
a' sgaoileadh 's a' milleadh 's a' slànadh.

In the year
2121,
digging an old site,
they came on a box
full of odds and ends of wire and glass,
fronted with a mirror
on which the shadows of the twentieth century
danced once upon a time
for people who themselves became shadows.

And they said, contemplatively,
'Strange that that was what they did
instead of reading Plato'.

Anns a' bhliadhna
aon air fhichead aon air fhichead,
a' cladhach ann a seann làraich,
thàinig iad gu bucas
làn treallaichean wèidhir is gloinne,
le sgàthan air a bheulaibh
far a robh faileasan na ficheadaibh linn
a' danns uaireigin
ri daoine a chaidh 'nam faileasan cuideachd.

Agus thuirt iad, beag riutha fhèin,
'Nach neònach gur h-e sin a' cheàrd a bh' aca
an àite bhith leughadh Plato'.

Christmas?
Papish?
We have our own faith,
the holy Bible —
the parts of it we understand,
that we want to understand.
Don't switch off the TV :
I missed that bit of Dallas
the last time it was on.
They say that fingernails go on growing
for some time after death.

Nollaig?
Pàpanach?
'S e th' againne ar creideamh fhìn,
am Bìoball naomh –
na pìosan a tha sinn a' tuigse,
ag iarraidh a thuigse.
Na cuir dheth an TV:
chan fhaca mi 'm pìos sin de *Dallas*
an turas ma dheireadh.
Tha iad ag ràdh gu lean na h-ìongnan a' fàs
greiseag an dèidh bàis.

The lights go out one by one
and the string music comes and goes,
a bow is lowered,
a horn is raised,
the soft music rises and falls,
ghosts at the back of the stage;
sweet, sweet the twilight music,
twilight delivers its sweet sentence,
and the stage turns its back on life;
the string grows frail,
the darkness grows,
the horn is taken out and put away,
the arrow removed from the bow;
the music goes into the fairy mound;
the night of snuffed-out candles passes.

Hamburg, 28·III·1982, after a performance of Haydn's
'Abschiedssinfonie' [Farewell Symphony].

Solas bho sholas a' dol às
is ceòl nan teud a' falbh 's a' tighinn,
bogha ga phasgadh
is còrn ga thogail
's an ceòl fann a' tighinn 's a' falbh,
taibhsean aig cùl na stèids;
binn, binn ceòl an eadar-sholais,
an t-eadar-sholas a' toirt a-mach a' bhinn,
's an stèids a' cur cùl ri beatha;
an teud a' fàs fann,
an dorchadas a' fàs,
an còrn ga fhosgladh 's ga phasgadh,
an t-saighead ga toirt às a' bhogha;
an ceòl a' dol anns a' bhrugh;
oidhche smàladh nan coinneal a' dol seachad.

Bang of gun
and bank of corpses:
we are slow to learn
the gospel of peace,
slow at forgetting
despoiling and amassing of wealth,
a long time waiting
for the holy spirit
that comes without purse or sword,
and without the tiresome chatter of politicians;
we will know it has come
when we don't hear a word,
or a clink,
or a bang.

Brag a' ghunna
is brìg nan corp:
tha sinn fad' ag ionnsachadh
soisgeul na sìthe,
fad' a' dìoch'nachadh
spùilleadh is càrnadh a' mhaoin,
fad' a' feitheamh
ris an spiorad naomh
a thig gun sporan is gun chlaidheamh,
is gun chur-a-mach dòrainneach luchd-poilitics;
bidh fhios againn gun tàinig e
nuair nach cluinn sinn guth,
no gliog,
no brag.

It fell from the sky unnoticed,
unseen, unfelt,
and intruded into the pores,
and the cells, changing
their foundations, producing conflict
where there had been agreement,
swelling and shrivelling and bulging,
turning benefit to misfortune
and mocking
the music of hope,
and some
who kept a close ear to the ground
said it was the super-heat
that erupted from the black hole of Chernobyl.

But there were some
who saw darkness
in the sky,
however it was they knew,
before the black hole began to smoulder
and who expected
darkness
anyway.

Thàinig e a-nuas às an adhar gun fhiosda,
gun fhaicinn, gun fhaireachdainn,
is shiab e steach dha na pòirean,
dha na ceallan, a' cruth-atharrachadh
an stèidh, a' dèananh aimhreit
far a robh còrdadh,
ag at 's a' seacadh 's a' bòcadh,
a' cur leas gu aimhleas
's ag atharrais
air ceòl an dòchais,
's thuirt feadhainn
a bha ri farchluais air rudan faisg orr'
gur h-e bh' ann an t-ainteas
a bhrùchd à toll-dubh Chernòbyl.

Ach bha cuid ann,
as bith ciamar a thuig iad,
a chunnaic dubhar
air an adhar
mus deach an toll-dubh 'na smàl
's aig a robh dùil
ri dubhachas
mar a bhà.

A SULTRY DAY
IN GERMANY

What a host of flies
and little spiders
that I don't recognise
and cannot name,
not to mention the people
and the multi-shaped words,
and the restless shapes
that thought assumes
on its swift passage
from one part of the brain to another;
but in spite of that,
though that wasp
that is sniffing
my glass
has its own shape
I can recognise its species,
and perhaps
relationship
is stronger than difference
wherever we look.

'S e na tha seo de chuileagan
's de dhamhain-allaidh bheaga
air nach eil mi eòlach
's air nach cuir mi ainm,
gun luaidh air na daoine
's na facail ioma-chruthach,
's na cruthan luaisgeanach
a tha smuaintean a' gabhail
air an slighe chabhagach
eadar roinnean na h-inntinne;
ach an dèidh sin
ged a tha a chruth fhèin
air an speach sin
a tha a' snòtaireachd
mun ghloinn' agam
aithnichidh mi a chinneadh,
agus is dòcha
gu bheil an càirdeas
nas treasa na 'n t-eadar-dhealachadh
ge be taobh a sheallas tu.

Oldenburg, 21·VII·1988

'Every peat makes its own smoky fire',
in the south-east of France too:
a little drama in a restaurant,
following bits of it,
not in the German-French dialect
but through the language that comes clearly
from damped recessive eyes
with an occasional burst of flame –
they're burning damp peat in Alsace just now.

'Tha a smùdan fhèin à ceann gach fòid'
ann an earra-dheas na Frainge cuideachd:
dràma bheag ann an taigh-bidhe
's mi leantainn bloighean dhith,
chan ann tren Fhraingis-Ghearmailtich
ach tren chainnt a tha soilleir anns na sùilean
mùchte, teicheach,
le corra lasadh –
mòine fhliuch ac' ann an Alsace an dràsda.

Colmar, 30·v·1985

IN THE CHEVAL BLANC,
YVOY-LE-MARRON, *near Orleans*

The little village is so peaceful
in the mid-afternoon,
the golden bread sold
from the baker's shop,
an old man in his eventide
sauntering along the sunny road,
an old lady sitting at a window
in the Old Folks' Home,
and a ginger cat having a stretch
in front of the auberge,
the day's bustle past
apart from a little girl running to get sweets,
and with no warning
the commotion began:
cars in a rush, horns tooting,
shouting of youths and girls,
ribbons and flags
making a circuit of the village
and disappearing,
and the uproar coming back again,
'We're here, look at us,
this is the wedding-day,
this is the night of joy,
rejoice,
she'll be staidly married tomorrow,
wake up and welcome a girl from your own village.'

Am baile beag cho sìtheil
aig àird an fheasgair,
an t-aran òr-bhuidh air a reic
à bùth a' bhèiceir,
bodach ann am feasgar a shaoghail
a' dabhdail a-null an rathad grianach,
cailleach 'na suidhe ri uinneig
ann an àros nan aosda,
agus cat ruadh ga shearradh fhèin
air beulaibh an taigh-òsda,
siubhal an latha seachad
ach nighean bheag a' ruith a dh'iarraidh mìlsein,
's gun dùil ris
thòisich a' ghleadhraich:
càraichean 'nan deann, le conchagan,
is èigheachd ghillean is nìonagan,
riobanan 's brataichean
a' cur cuairt air a' bhaile
's a' dol à sealladh,
is a' ghleadhraich a' tighinn a-rithist,
'Tha sinn ann, seo sinn,
seo là a' phòsaidh,
seo oidhche an t-sonais,
dèanaibh gàirdeachas,
bidh i pòsda stòlda a-màireach,
dùisgibh 's cuiribh fàilte air nighean às a' bhail' agaibh.'

The sun
ripening the grapes
as I await
evening
in Macon,
a shade above me.
Ripe? Oui.
Ready? Non.
Awaiting
full tide,
happenstance,
melon,
more honey,
mélange,
misericordia,
hope,
beauty,
red wine at the day's end
in Macon.

A' ghrian
ag abachadh nam fìon-dhearc
's mi a' feitheamh
ri feasgar
ann am Macon,
sgàilean os mo chionn.
Abaich? *Oui.*
Deiseil? *Non.*
A' feitheamh
ri làn,
ri turchairt,
melon,
tuilleadh meala,
mélange,
misericordia,
misneachd,
maise,
fìon-dearg ann an deireadh latha
ann am Macon.

Macon, 17·VII·1980

The bustle of the streets stilled,
the boxes and bags safely home,
guitars and fiddles at rest,
the 'Salvation's' wind-instruments silent,
the shops' piped music dumb,
old Wencenslas asleep,
the tills stopped chattering,
and now we can hear the voice of a child in Lockerbie –
Natalicia.

Tha coileid nan stràidean air sìoladh,
na bocsaichean 's na bagaichean aig dachaigh,
na giutàraichean 's na fìdhlean aig fois,
innealan-gaoithe an 'Salvation' sàmhach,
ceòl 'pìobaidh' nam bùithtean balbh,
Wencenslas còir 'na chadal,
bucais-an-airgid air sgur a chabaireachd,
is cluinnidh sinn a-nis guth leanaibh ann a Lockerbie –
Natalicia.

When the Minister's Son came
to Glasgow
with his flashing eyes,
he brought Island Finnan with him
in his dreams,
but tempered them
in Alasdair Mac Colla's flame;
he took pride
from Montrose's last words,
mingled the sweet music of bells and tassies,
and the pride of ancient history
with birdsong and chanter music,
summer's litany
that kept alive till Morar,
and the mellow flavour of wine,
though part of his road
was on snowy ridges,
and he had had his chance
of brushing against the thorn.

Nuair a thàinig Mac a' Mhinisteir
a Ghlaschu
le na sùilean lasrach,
thug e leis Eilean Fhìonain
'na bhruadar,
ach chuir e a' chruaidh ris
fo lasair Alasdair Mhic Colla,
agus uaill
bho bhriathran deireannach Mhontròis,
ceòl binn chlag is ghucag
is pròis na seann eachdraidh
air am measgadh
le caithream eun is fheadan,
leadan an t-samhraidh
a dh' fhuirich beò gu Mòrar,
is blas caoin an fhìona,
ged a bha pàirt dhe 'shlighe
air ruigheannan sneachda,
's a fhuair e cothrom
suathadh ris an droigheann.

Not to be compared
the Charles of Prince Charlie's Year
and the drunkard
of these long years in France and Rome;
quite different: the Gael's life-style
then and now;
the Butcher and the Thatcher are not equatable;
but of a kind
are the flames of fire when it takes hold
on thatch or heather,
and anger when it bursts into flame
in a person's mind,
whether he belongs
to the twentieth century
or to the time of Alasdair Mac Mhaighstir Alasdair.

Chan ionnan
an Teàrlach a bh' ann rè Bliadhna Theàrlaich
agus am misgear a bh' ann
troimh na bliadhnachan fada san Fhraing 's san Ròimh;
chan ionnan beatha nan Gaidheal
an-diugh 's an uair-sin;
chan ionnan am Bùidsear 's a' Bhan-Tughadair;
ach is ionnan
lasair an teine nuair a ghreimicheas i
air tughadh no fraoch,
is fraoch nuair a lasas e
ann an inntinn duine
gar bith am buin e
don fhicheadaibh linn
no do linn Alasdair Mhic Mhaighstir Alasdair.

Cold in that dark sky,
millions of years away
on the far side of creation
where the naked eye cannot see it,
a star
that will come into view
when there is no sign of us.

Bearing an old name: Scotland.

Fuar anns an adhar dhorch sin,
muilleanan bliadhna air falbh
air taobh thall a' chruthachaidh
far nach lèir dhan t-sùil,
leug
a thig am follais
nuair nach bi sgeul oirnn.

Seann ainm oirre: Alba.

1   *On a good day*
     you would remember us:
     the rabbit John brought home that year,
     the yellow dress Mary wore
     for her first day at school,
     and the price of herring in 1930,
     and on one occasion you would recognise me
     though another time you would ask
     'Why doesn't Calum come to see me?'
     But you never once spoke of Alasdair
     who went down with the Rawalpindi
     early in the War.

2   *Isn't it strange*
     that when we grow old
     we don't remember
     the really old things?
     Never mind yesterday,
     who was on TV last night,
     or who won at Hampden,
     or what song reached the top of the pops.
     We ought, in our confusion,
     to remember Bannockburn,
     the King's Court when Gaelic was spoken there,
     and our own country before the strangers came.

1   Air latha math
     bhiodh cuimhne agad oirnn:
     an rabaid a thug Iain dhachaigh a' bhliadhna ud,
     an dreasa bhuidhe a bh' aig Màiri
     a' chiad là anns an sgoil,
     agus prìs an sgadain ann an 1930,
     agus dh' aithnicheadh tu mi an dàrna h-uair
     ged a dh' fhaighnicheadh tu dhìom uair eile
     ' Carson nach bi Calum a' tighinn a shealltainn orm?'
     Ach cha do bhruidhinn thu aon uair mu Alasdair
     a chaidh sìos leis a *Rawalpindi*
     faisg air toiseach a' Chogaidh.

2   Nach iongantach
     's sinn a' fàs sean,
     nach eil cuimhn' againn
     air na fìor sheann rudan?
     Coma den là-an-dè,
     cò bh' air an TV a-raoir,
     no cò bhuannaich aig Hampden,
     no dè an duan a ràinig mullach nam pop.
     Bu chòir, 's sinn cho troimhe-chèile,
     gun cuimhnicheadh sinn air Allt nam Bannag,
     air cùirt an Rìgh le Gàidhlig innt',
     air ar dùthaich fhìn mus tàinig na coigrich.

Otter in a den
alarm in its smouldering eye
as it looks through the glass window.

An antlered stag
pretending it doesn't notice
you taking photos.

An eagle moulting.

Salmon in a cage
growing fat
on alien food.

Wild-cat
burning like a time-bomb
in a corner of its shrunken kingdom.

Remembering the Wild-life Park
in Badenoch

Biast-dhubh ann an garadh
sgèan 'na smàl-shùil
a' coimhead troimhn uinneig ghloinne.

Làn-damh a' leigeil air
nach eil e gad fhaicinn
a' togail dhealbh.

Iolaire a' tilgeil nan itean.

Bradan ann an cèids
a' fàs reamhar
air biadh coimheach.

Cat-fiadhaich
a' losgadh mar thìm-bhom
ann an oisean dhe 'chrìon rìoghachd.

A' cuimhneachadh Pàirce nam Beathaichean Fiadhaich
ann am Bàideanach

The lazybeds ask
in the land I love a lot
'What's happened to the crop?'

And in the land I hold dear
the lazybeds quack
'Why is there no delving this year?'

In the country of delight
a crow was saying to a seagull
'I wonder who's going to catch the light'.

But in the country of the dark,
where the crow said 'Stop, Stop',
the seagull picked the seed from off the bank.

* In Gaelic, feannag can mean either 'lazybed' or 'crow'.

Tha na feannagan a' faighneachd
ann an dùthaich mo ghràidh
'Càit' an deach am bàrr?'

'S ann an dùthaich mo ghaoil-sa
tha na feannagan a' gàgail
'Carson a sguir sibh dhan taomadh?'

Ann an dùthaich an aoibhneis
bha feannag ag ràdh ri faoileig
'Saoil co air a laigheas an t-soillse?'

Ach ann an dùthaich an dubhair
far an duirt an fheannag 'Fàg, Fàg'
thog an fhaoileag an sìol bhàrr a' bhruthaich.

Certainly
the rock was hard from which we fashioned
the image we were building for a hundred years:
an eagle on the peak of Ben Nevis –
diffugere nives –
but the hammer was light
in the dolt's hands:
he clipped its wings.

'For Ireland may be free again
and you still breaking stones'
  W. B. Yeats

Gun teagamh
bha a' chreag cruaidh às na shnaigh sinn
an ìomhaigh a bha sinn a' togail ceud bliadhna:
iolaire air mullach Nibheis –
diffugere nives –
ach bha an t-òrd aotrom
ann an làmhan an ùmaidh:
thug e na sgiathan dhith.

I   *Running as far as the tether allows,*
     and stopping,
     trying the opposite direction
     and stopping with a start,
     staying still,
     making a rush,
     feeling the tightening
     of the rope,
     the skin being pulled,
     growing faint,
     bucking,
     considering,
     trotting to the edge of her patch,
     turning back,
     running as far as the tether allows

II   *On a rope,*
     shaking off the prickles
     running round the circle,
     and coming back.

I   A' ruith gu ceann na teadhair,
      's a' stad,
      a' feuchainn an taobh eile
      's a' clisgeadh,
      a' fantainn sàmhach,
      a' toirt ruathair,
      a' faireachdainn teannadh
      an taod,
      slaodadh a' chraicinn,
      a' fannadh,
      a' buiceil,
      a' beachdachadh,
      a' trotan gu iomall a buaile,
      a' tilleadh,
      a' ruith gu ceann na teadhair

II   Air feisd,
      a' crathadh nan dealg,
      a' ruith a' chearcaill,
      's a' tilleadh.

66)

Autumn tethered,
frost and the beginnings of withering,
the heart's small confining space.

Footpath for little legs
without cloven hoofs,
and the god-without-a-name at the tethering-pin.

III   *Full of frenzy and haste,*
but if you read the True Word
you would understand that the ram's state was worse
as old Abraham
avoided Isaac with his knife.

Foghar air feisd,   (67
an reothadh le toiseach crìonaidh,
buaile bheag chùbt' aig a' chridhe.

Frith-rathad nan casan beaga,
gun ladhar,
's an dia-gun-ainm aig a' bhacan.

III   Boile 's cabhag ort,
ach nan leughadh tu 'n Fhìrinn
thuigeadh tu gur h-e staid an reithe bu mhiosa
is seann Abrahàm
a' seachnadh Isaac leis a' sgithinn.

1   Martha

They knew Martha very well,
the daughter of Norman son of Iain Donn from the Aird Mhor
who was in service in Glasgow;
she was going to marry a policeman
when her father died
and she had to come home:
her mother suffered from shortness of breath;
on the day of the funeral
her brother Murdo was blind-drunk
when he came back home at night.

2   A West Sider's Thoughts

They used to say
that You could walk on the water,
Bernera Sound perhaps
which the cattle used to swim,
or the Scalpay Narrows
they used to cross for the communions;
probably Broad Bay would be too much for You,
and in any case, who in his senses
would walk over to Point?

1 *Marta*

Dh' aithnicheadh iad Marta glè mhath,
nighean Thormoid Iain Duinn as an Aird Mhòir
a bha air mhuinntireas an Glaschu;
bha i dol a phòsadh fear a bh' air a' phoileas
nuair a chaochail a h-athair
's a b' fheudar dhi thighinn dhachaigh;
bha giorrad analach air a màthair;
là an tiodhlagaidh
bha a bràthair Murchadh gun bhliam aige
a' tighinn dhachaigh air an oidhch'.

2 *Siarach a' beachdachadh*

Bha iad ag ràdh
gun coisicheadh Tu air an uisge,
as bith an e Caolas Bheàrnaraigh a bh' ann
air am biodh an crodh a' snàmh,
no Caolas Scalpaigh
air an deach iad a-null gu òrduighean;
is iongantach gun dèanadh Tu steama dhan a Loch a Tuath,
's co-dhiù, cò 'na rian
a choisicheadh a-null dhan a Rubha?

70)   3   Your glen was suffused with light

Your glen was suffused with light,
a blaze coming from the rock,
light shining from every window,
flames jumping to meet you,
phosphorescence on every hill-pass,
and flickering on every hearth,
the east and the west
meeting in the twilight,
when you cast off your burden
and he came in his glory.

The 'Ark' referred to here is a sequence called
'The Ark of the Covenant', in my collection of 1982
Creachadh na Clàrsaich.

Bha do ghleann làn solais,
deàrrsadh às a' chreig,
soillseadh às gach uinneig,
lasraichean a' leum thugad,
coinnle-Brianain air gach bealach,
teine-sionnachain air gach teallach,
an àird-an-ear 's an àird-an-iar
a' coinneachadh anns a' chamhanaich,
nuair a leig thu dhìot t' eallach
agus a thàinig e 'na ghlòir.

a' cuimhneachadh an laoidh anns a bheil na facail:
Bidh an gleann làn solais
Nuair thig Iosa 'na ghlòir.

Raised up by the chorus of that music
on the eternal bier,
with no fear of promontory or sandbank,
the waves swelling and subsiding
 on the way to harbour,
and a shower of foam and froth
hiding their load of gravel
that has to be drawn and thrown down,
the shingle rattling
and coming to rest,
and that music rising and falling,
crying triumphantly, crooning,
stroking and entwining,
and spreading sweetly and modestly
on the white sand,
and the chorus swelling up again
as they go on their way.

Going Home: *in Gaelic, a euphemism for dying.*

Air an togail le sèis a' chiùil sin
air a' ghiùlain shìorraidh,
gun eagal roimh rubha no bhogha,
na tuinn ag at 's a' seacadh
air a slighe gu caladh,
is fras de chobhar 's de chop
a' falach an luchd morghain
tha ri tharraing 's ri thilgeil,
am mol a' toirghlich
's a' dol 'na laighe,
's an ceòl sin ag èirigh 's a' tuiteam,
ag iollach, a' mànran,
a' slìobadh 's a' suaineadh,
is binn, banail a' sgaoileadh
air a' ghainmhich ghil,
's an t-sèis ag èirigh a-rithist
's iad a-nis air a slighe.

Evening,
the sun setting,
honeysuckle blossom closing
on the rock face,
and Loch Erisort in the dusk
lapping the flat stones,
the gate
at the village boundary closed,
the sheep
are lying down chewing the cud,
the Big Brae under bracken,
quiet in the children's 'bothy',
every creature is going to rest
in its own nook / Keose —
yours was a long day,
with full pails of life,
and you have earned a good sleep.

Ann Urquhart, who died in 1987, aged 86,
was my mother's sister, brought up in the little village
of Keose. She served as Provost of Stornoway
and in many other capacities.

a chaochail 11.3.87

Feasgar ann
's a' ghrian air cromadh,
blàthan na h-iadhshlait a' dùnadh
air aghaidh na creige,
's Loch Eireasort fo dhubhar
a' plapail air na leacan,
tha an geata
air iomall a' bhaile dùinte,
tha na caoraich
a' laighe sìos a chnàmh an cìre,
an Leathad Mòr fo raineach,
sàmhchair anns a' bhothaig,
gach creutair a' dol mu thàmh
'na Cheòs fhèin –
bha là fad' agad
is làdach beatha
is thoill thu do dheagh chadal.

I haven't been in Dublin
since you came down to earth
 leaving your green suit
behind you, going into the shade
that was not your element,
and we must hang — we have no choice —
your picture on the wall
since your features are not to be seen
in pub, or street,
or cool library,
and since your friendship lives
only in short-lived hearts.

Survivors of the Fian,
it is little wonder we are sad:
the conundrum remains obscure to us,
the language lacks explication;
your hearty laugh raises an echo
in an unopened cave,
your trumpet-roar is locked up under the green,
your Goliath is still untamed.

Professor David Greene, Irish scholar, patriot
and unforgettable character, died shortly after touching
down at Dublin Airport, on returning from
a visit to the Faeroes.

Cha robh mi am Bail' Àtha Cliath
bho thàine tu nuas gu talamh
's bho dh' fhàg thu do dheise uaine
às do dhèidh, a' dol don dubhar
nach bu dùthchas dhut,
agus feumaidh sinn, O 's èiginn duinn
do dhealbh a chrochadh air a' bhalla
bho nach fhaicear d' ìomhaigh
an taigh-seinnse, air stràid
no ann an leabharlann fionnar,
's nach mair do chàirdeas
ach ann an cridheachan diombuain.

An dèidh na Fèinne
's beag iongnadh sinn a bhith dubhach:
tha 'n dubhfhacal dorch dhuinn,
tha a' chainnt gun eadar-sgaradh;
do lachan a' dèanamh mac-talla
ann an uamh gun fhosgladh,
do dhòrd fo ghlais,
gun cheannsachadh do Gholiat.

'Remember thy Creator in the days of thy youth,
before the evil days come ...'.
Well, they have come,
and what now?
He is a bulwark for you under the pressure of debt,
in the DHSS *scarcity,*
in the parched thirst of the spree,
in the loneliness of separation,
a firm wall
between you and the rats,
a salve to rub on your mind
when you feel it cracking,
pity, if that's any good to you,
every day of the week.
It is memory that brings us death and health.

'Cuimhnich air do Chruthaighear ann an làithean d' òige,
mun tig na droch làithean…'.
Wel, thàinig iad,
is dè nis?
Tha E 'na charraig dhut ann an teinn nam fiachan,
ann an gainntir an DHSS,
ann an tart na daoraich,
ann an aonranachd an sgaraidh,
balla daingeann
eadar thu is na radain,
ìocshlaint a shuathas tu air d' inntinn
nuair a dh' fhairicheas tu i a' sgàineadh,
truas ma nì sin feum dhut
gach là dhen an t-seachdain.
'S i a' chuimhne a bheir bàs is slàinte dhuinn.

There's a magpie
who comes for a stroll,
in her Sunday best, in my garden,
and it amazes me
how trig she is,
her black shining dress well brushed,
with such elegant white stripes,
walking with a Sunday pace too
as though she felt
that her minister was watching her.
I wait to see
if she has a shilling to put in the plate,
and I'm quite sure
she has a handsome little Bible
tucked under her wings.
But last night
there was a devilish cackling from her and from her brood
up in that tree.
Take your pick.

Tha pioghaid ann
a bhios a' tighinn a ghabhail cuairt,
'na deise Sàbaid, 'na mo leas,
is bidh i cur iongnadh orm
leis cho speiseanta 's a tha i,
an t-aodach dubh gleansach air a bhruisigeadh,
's na bannan geala cho grinn,
ceum Sàbaid aice cuideachd
mar gum biodh i faireachdainn
sùil a' mhinisteir oirre.
Bidh mi feitheamh ach a faic mi
a bheil tasdan aice ga chur san truinnsear,
is tha mi cinnteach
gu bheil Bìoball beag eireachdail
aice fo a sgiathan.
Ach feasgar a-raoir
bha gàgail an donais aice fhèin 's aig a h-àl
gu h-àrd anns a' chraoibh sin.
Gabh do roghainn.

The end of the world
will come in different ways
in Glasgow and in Kinlochrannoch:
the sky will fall suddenly
on Argyll Street
throwing Boots and Lewis's into confusion,
with sausages getting all mixed up
with cotton-wool,
red paint spilt on the talcum,
and the false gods farting
in the BBC and at STV,
speechless.

But in Rannoch
they will be building a new ship on the Loch,
and going to the saunas,
turning the church into a department-store,
and worshipping St Terry Wogan.

Chan ionnan
deireadh an t-saoghail
ann an Glaschu 's an Ceann Loch Raithneach:
tuitidh an t-adhar 'na chnap
air Stràid Earra-Ghaidheal,
a' cur Boots is Lewis's 'nam màl,
le ìsbeanan is clòimh-cotain
an amhaichean a chèile,
is peant dearg air an talc,
's bidh na diathan-brèige 'bromadaich
anns a' BHBC 's aig STV
's gun facal a' tighinn às am beul.

Ach ann a Raithneach
bidh iad a' togail bàta ùr air a Loch
's a' dol dha na saunas
's a' dèanamh bùth mhòr den an eaglais
's ag adhradh an Naoimh Terry Wogan.

Standing in a queue
in Glasgow Central's Buffet,
I saw Princess Diana
standing in front of me in the line,
wearing a fur cape, her hair
prettily in order,
and with some silver tinting,
a straight nose,
tall, long-legged;
talking in a Glasgow accent,
and I said to myself:
'It's good
there are so many of her,
and that she's as attractive as she is,
and what a bonus it is
that she still talks with a Glasgow accent'.

'Nam sheasamh ann an streath
am Buffet an Central an Glaschu,
chunnaic mi a' Bhan-phrionnsa Diàna
'na seasamh air mo bheulaibh anns an loidhne,
seacaid bhèin oirr', 's a falt
cho grinn ann an òrdugh,
boillsgeadh airgid ann,
's an t-sròin cho dìreach,
àrd, le casan fada;
còmhradh Ghlaschu a bh' aice,
's thuirt mi rium fhìn
'Nach math
gu bheil a leithid ann dhith
's gu bheil i cho snog 's a thà i,
's nach ro-mhath
gur h-e còmhradh Ghlaschu a th' aice fhathast'.

Death hunts on my territory now,
bringing down my youthful companions,
coming with its blight
to grey-haired ones I honoured,
filling his satchel
with folly and wisdom.
Once it hunted on the scree:
now it plunders on the plain.

Tha 'm bàs a' sealg air mo chrìochan a-nis,
a' leagail companaich m'òige,
a' tighinn le a ghaiseadh
air falt liath don tug mi urram,
a' lìonadh a mhàileid
leis a' ghòraich 's leis a' ghliocas.
Bha uair a bha e sealg air a' chreachann:
tha e nis a' creachadh air a' chòmhnard.

The everlasting surge
and the Red-haired Headmaster*
strapping the legs of the last latecomer
at the main door of Bayble School;
the rusty nettle
growing by the hearth
and the water-springs choked;
the waves of the TV
pounding that isle in the sea
while the oyster-catcher has a whole long day ahead of him.

When Donald Maciver's friend returned
from Canada
his world had gone under,
an oyster on the sea-bed of Uig Bay,
and he could not find the soothsayer's stone.

Oyster-catcher,
when you find a pearl,
don't give it away.

* Donald Maciver, one-time headmaster of Bayble School
in Lewis, and author of a famous song, 'An ataireachd bhuan',
in which he depicts the returned emigrant who finds all
changed apart from the sound of the sea.

An ataireachd bhuan
's am Ma'-sgoile Ruadh
a' cuipeadh casan a' bhalaich mu dheireadh
aig doras-mòr sgoil Phabail;
an fheanntagach ruadh
fàs suas mun chagailt
's na fuarain air an tachdadh;
tonnan an TV
a' pronnadh eilean a' chuain ud,
is là mòr fad' aig an trìlleachan.

Nuair a thill caraid Dhòmhnaill MhicIomhair
à Canada
bha an saoghal aige air a dhol fodha,
eisir air aigeal cuan Uige,
is clach an fhiosaiche ga dhìth.

A thrìlleachain,
nuair a lorgas tu pèarla
na toir seachad e.

AT THE LEWIS AND HARRIS
CONCERT, 1987

You emerge from the darkness again,
your smooth thighs drawing me in —
Point Peninsula on the starboard side —
a swelling under the waves, the moving swell,
and the hurt of the eternal seagull,
bog-myrtle hanging between land and sea
and honeysuckle under the rock-crevice,
and my voyage was begun again,
my Buenos Aires still to reach
and my Promised Land enticing me
as though I had never made a foray
to the foot of the rainbow.

And your hair was in my eyes —
why was I not born blind?
Heather coming down to the rock-edge
and the hardy sheep with its small black legs
watching me climbing
and seeing me falling
into the sea,
and the moon rising just once more.

Once,
just once and turn your back to it,
your back
to the scene
and to the hope,
banish the scent of honeysuckle from your nostrils,
and the taste of blaeberries from your tongue,
because, for you, it is only an old song,
and a shadow.

AIG CUIRM-CHIUIL LEODHAIS 'S
NA HEARADH, 1987

(91

Thàine tu mach às an dorchadas a-rithist,
do shliasaidean mìne ga mo shùghadh a-steach –
an Rubh' air a stiùireabord –
bòcadh fo thuinn is luaisgean an t-suaile,
is cràdh faoileig shìorraidh,
an roid eadar thìr is fhairge
's an iadhshlat fo bhearradh na creige,
's bha mo thuras uair eile fo sheòl,
mo Bhuenos Aires gun ruighinn,
's mo Thìr Tàirngire ga mo mhealladh,
mar nach deacha mi riamh cuairt
gu bonn a' bhogha-fhrois.

Agus bha d' fhalt 'na mo shùilean –
carson nach d' rugadh dall mi?
Am fraoch gu oir na creige
's a' chaora chalma le 'casan beaga dubha
ga mo choimhead a' dìreadh
's gam fhaicinn a' tuiteam
dhan an fhairge,
's a' ghealach ag èirigh aon uair eile.

Aon uair,
aon uair fhèin 's cuir cùl ris,
cùl
ris an t-sealladh
's ris an dòchas,
cuir fàileadh na h-iadhshlait às do chuinnlean,
is blas na caora-mhitheig bhàrr do theanga,
oir chan eil ann, dhutsa, ach an seann òran,
is faileas.

At first
when the sap of joy ran
in my veins
I grew blind and deaf,
a tree
imprisoned by winds and soil,
tense, frenzied
by the madness of the sun,
but holding
my life within me.
The tenseness went away
when I came into leaf
and when the fruit grew,
and if frost comes
I will eventually be dumb.

An toiseach
nuair a ruith snodhach an aoibhneis
air mo chuisle
dh'fhàs mi dall agus bodhar,
'na mo chraoibh
glaiste le gaothan 's ùir,
teann, air bhoile
le cuthach na grèine,
ach a' gleidheil
mo bheatha 'na mo bhroinn.
Dh'fhalbh an teinnead
nuair a chuir mi mach an duilleach
's nuair dh'fhàs na measan,
's ma thig an reothadh
bidh mi fhathast balbh.

When I miss
the lovely words
that came unawares
through the window of my room,
I have to admit
that the window isn't as open
nor the garden as fragrant,
and that autumn,
approaching winter,
gives us its own cast,
both me and the words;
the music moves
at its own pace,
but I shall follow it.

Nuair a bhios mi 'g ionndrain
nam facal bòidheach
a thàinig gun fhiosda
a-steach air uinneag mo sheòmair,
feumaidh mi aideachadh
nach eil an uinneag cho fosgailte
no an gàrradh cho cùbhraidh,
's gu bheil foghar,
a' teannadh gu geamhradh,
a' cur a dhreach fhèin oirnn,
ormsa 's air na facail;
siùbhlaidh
an ceòl aig astar fhèin,
ach leanaidh mi.

I have heard music in my time
that will never be heard again,
no recording instrument will pick it up,
it will not adhere to electro-magnetic particles,
it will expire in a museum,
the BBC won't buy it
and will not get it for nothing,
it isn't to be found in a dictionary,
every excellence it had
is sinking into the grave.

The shadow of that music
dances on the wall
where the imagination has thrown it,
and it's good, I suppose,
to have even the shadow
when the rest has been buried;
I hope
that before we go to sleep
that music will throw a long shadow.

Chuala mi ceòl 'na mo latha
nach cluinnear a chaoidh tuilleadh,
cha tog inneal-clàraidh e,
cha lean e ri smùr an dealain-thàirnidh,
theid e bàs an taigh-tasgaidh,
cha cheannaich am BBC e
's chan fhaigh iad e 'n asgaidh,
chan eil e ann am faclair,
tha gach buaidh
a bh' air a' sìothladh dhan an uaigh.

Tha faileas a' chiùil sin
a' danns air a' bhalla
far na thilg mac-meanmain e,
's nach math, is dòcha,
faileas fhèin a bhith ann
far na dh' adhlaiceadh an còrr dheth;
tha mi 'n dòchas
mus teid sinn a chadal
gun tilg an ceòl sin faileas fada.

I hardly noticed Hol this year,
it has become so small a hill;
the Creator must have been busy
with the bulldozer
scraping away its summit
that was so high and so fresh
and depositing it at the foot,
robbing it of its steepness
and perhaps of its beauty,
smoothing it until its lines
were lost.

Alternatively
He was at work on me.

And if so,
what else did He do to me?

Is gann gu faca mi Hòl am bliadhna,
bha e air fàs cho beag;
feumaidh gu robh 'n Cruthaighear trang
leis an tarbh-chrann,
a' sgrìobadh a' mhullaich dheth
a bha cho àrd 's cho fionnar
's ga chàradh aig a' bhonn,
a' toirt air falbh a chaisead,
agus is dòcha a mhaise,
ga lìomhadh gus a robh a chruth
air a chall.

Air a neo
's ann ormsa bha E 'g obair.

'S mas ann
dè eile rinn E orm?

DOUBT

Thinking I was free but I wasn't:
the gate on the horizon almost closed,
the hill steeper than expected,
and when I tried to stride it out
the silken shackles were there still,
and perhaps a halter round my neck,
while the telescope was so dull
when I reached the headland;
but what's the good of a telescope?
a redeemer, though, he would work,
surely,
if indeed there is freedom but there isn't.

Dùil 'am gu robh mi saor ach cha robh:
an geata gu bhith dùint' air fàire,
an leathad na bu chaise na bha dùil,
's nuair a dh'fheuch mi na sìnteagan
thuig mi gu robh 'n spearrach sìoda a sin fhathast,
agus is dòcha feist mu m' amhaich,
a' phrosbaig cho doilleir ri mo shùil
nuair a ràinig mi 'n rubha;
ach dè 'm feum a th' ann am prosbaig?
fear-saoraidh, ge ta, dhèanadh esan feum,
is cinnteach,
nam be 's gu bheil saorsa ann ach chan eil.

Sitting anxiously on the wall
where the camera left
your picture, time is at a stand-still
with a scared look in its eye,
and love is
an eggshell that can't be broken
though it should fall from the top
of the unsteady wall,
a little bird singing
in that eternity
that was there
and has not reached the end
of its journey.

'Na do shuidhe gu h-iomagaineach air a' ghàrradh
far na dh'fhàg an camara
do dhealbh, tha tìm 'na stad
is sgèan 'na sùil,
's an gaol
'na phlaoisg nach gabh briseadh
ged a thuiteadh e bho bhàrr
a' ghàrraidh chugallaich,
eun beag ri ceòl
anns an t-sìorraidheachd sin
a bh' ann
's nach do ràinig ceann
a turais.

When I first noticed
music on my lips
the world was sweet
as I eavesdropped on it;
and after some time
the elegance had a cutting edge
and was harder to buy;
there's no good now
asking for an edge that doesn't cut,
and music without sentence,
and since I stopped eavesdropping
it's as well to make it
as it is,
sharp or sweet.

Nuair a dh'fhairich mi 'n toiseach
ceòl air mo bhilean
bha an saoghal binn
's mi ri farchluais;
's an ceann greise
thàinig faobhar air a' ghrinneas
's chaidh a phrìs an àird;
chan eil math a-nis
a bhith 'g iarraidh faobhar gun ghearradh
is ceòl gun bhinn,
's bho sguir mi dh' fharchluais
tha cho math a dhèanamh
mar a thà e,
geur no milis.

In the bustling movement,
sometimes, and in the quiet of evening,
I see your face
as it was in your old age,
white, a little drawn,
the hair thinning,
but the eyes still young,
the large eyes you had in your college days
at the beginning of the century,
and it seems to me then,
though it goes against my reason,
that you are watching me still,
grey and all as I am,
from the same place,
with the same intensity.

Ann an coileid siubhail
uaireannan, is ann an sàmhchair feasgair,
chì mi d' aodann
mar a bha e nad sheann aois,
geal, rud beag seacte,
am falt air tanachadh,
ach na sùilean fhathast òg,
sùilean mòra mar a bh' agad sa' cholaisd
aig toiseach na linne,
is saoilidh mi 'n uair sin,
ged a tha e 'n aghaidh mo reusain,
gu bheil thu gam choimhead fhathast,
liath 's mar a tha mi,
bhon an aon àird',
leis an aon dùrachd.

When I came back from death
it was morning,
the back door was open
and one of the buttons of my shirt had disappeared.

I needed to count the grass-blades again,
and the flagstones,
and I got the taste of fresh butter on the potatoes.

The car needed petrol,
and love sat sedately on a chair,
and there was an itchy feeling at the back of my knee.

And if you believe, as I do,
that one who reads can understand half a word,
you can see that I've mentioned
only a couple of things I felt then.

Nuair a thàinig mi air ais bhon a' bhàs
bha a' mhadainn ann,
bha an doras-cùil fosgailte,
is bha putan dhe na bha 'na mo lèine air chall.

B' fheudar dhomh am feur a chùnntadh a-rithist,
is na leacan,
is dh'fhairich mi blas an ìm ùir air a' bhuntàt'.

Bha 'n càr ag iarraidh peatroil,
's an gaol 'na shuidhe gu stòlda air seuthar,
is tachais anns an iosgaid agam.

'S ma tha thu creidse mar tha mise
gun tuig fear-leughaidh leth-fhacal,
chì thu nach tug mi iomradh
ach air rud no dhà a dh' fhairich mi.

Touchy
because I hadn't called;
the weeks looked long
in the cage,
I young with a lot of ground to cover.

But the coolness went at once.
I had not understood
how confined
some are in a pen in life,
till it closes on them like a fist.

Where the mind is whetted
on the slow stone of custom,
where the languid spark
turns into ash,
where the knife goes into the heart.

Diomb ort
ag ionndrain na cèilidh;
na seachdainean a' coimhead fada
anns a' chèis,
sraon agamsa air raon na h-òige.

Ach am fuachd a' falbh ann an tiota.
Cha do thuig mi aig an àm
cho glaiste
's a tha cuid ann an crò beatha,
an crò a' dol 'na chròig.

Far a bheil an inntinn ga bleith
ri clach shlaodach a' chleachdaidh,
far a bheil an t-sradag fhann
a' dol 'na luaith,
far a bheil an sgian a' dol an sàs anns a' chridhe.

Once I walked over the Aberdeen streets,
two worlds back,
looking for happiness I did not understand,
and so sorrow was easier to turn one's back on.

On the streets of Edinburgh
I experienced loneliness
but a smooth skin grew over the wound.

On the streets of Glasgow
I found sorrow and exhilaration,
and saw a flame in the sky,
and after the flame
I walk in the dark.

I saw three worlds birling down the road.

Choisich mi stràidean Obar Dheadhain uair,
dà shaoghal air ais,
a' lorg sonas nach robh mi tuigsinn,
's mar sin bha 'm bròn na b' fhasa chur air chùl.

Air stràidean Dhun Eidinn
dh' fhairich mi aonaranachas
ach thàinig craiceann mìn cruaidh air an lot.

Air stràidean Ghlaschu
dh' fhiosraich mi bròn is iollach,
is chunnaic mi lasair anns an adhar,
's an dèidh na lasrach
tha mi coiseachd anns an dorch.

Chunnaic mi trì saoghail a' strìleadh sìos an rathad.

... and time stood still,
the curtain unhung,
the envelope addressed, with no letter,
the photo upside-down,
the word split in the middle,
the breath half-drawn,
and there was a divide between history and what was to come
the dove returning from the mountain
and the cross waiting ...

… agus stad tìm far a robh i,
an cùrtair gun chrochadh,
a' chèis le seòladh, gun litir,
an dealbh air a bheul fodha,
am facal is sgàineadh 'na mheadhon,
an anail air a leth-tarraing,
's bha roinn eadar eachdraidh is teachdraidh,
an calman a' tilleadh às a' bheinn
's an crann a' feitheamh …

MAKING A FILM SET IN
VICTORIAN TIMES

I saw a young woman
in the street in Dunkeld,
dressed in a drugget skirt and polka –
it was an autumn morning
and I had various things on my mind:
as though that mind
had glanced over its shoulder
I thought
'It's some time since I saw the like of that'.
Lewis fifty years ago,
fifty years behind the times.

Chunna mi boireannach òg
ann an còta-drògaid 's poilcea
air stràid Dhùn Chailleann
madainn foghair 's mo smuain air rud eile:
mar gun tugadh m' inntinn
sùil thar a gualainn
shaoil mi
'Tha greis on uair sin'.
Leòdhas o chionn lethcheud bliadhna,
lethcheud bliadhna air chùl an t-seanchais.

Jumping from branch to branch
in winter's bareness;
this tree is still full of energy,
a fairy music comes from the strings
though the wood is split
by frost. Feeding in short supply
but the roots go deep,
and we await bloom and sheen and elegance,
sprouting foliage and continuing life
in the coming year,
music under the timbers and leaves' greenery
and the lightsome heart
leaping from jewel to jewel.

A' leum bho ghèig gu gèig
ann a luimead geamhraidh;
tha an crann seo fhathast brìoghmhor,
glòr sìtheil bho na teudan
ged tha sgàineadh reothaidh
air an fhiodh. Am biathadh gann
ach na freumhaichean domhainn,
is dùil ri lì is lìomh is loinn,
bòrcadh barraich is beatha bhuan
anns a' bhliadhn' tha tighinn,
ceòl fo chabair is uaine duillich
's an cridhe mear
a' leum bho lèig gu lèig.

CAMBRIDGE
A Letter to Carol

Half a lifetime on
walking these narrow streets
alone,
the long closes
that wind between old buildings,
elegant historical causeways
whose names are engraved on my memory's tablet,
Pety Cury and All Saints' Passage,
and I see a notice in the bookshop –
'Theology Downstairs' –
true enough, at least for me;
the river dark on an autumn night
with the punts moored.
If you suppose my heart leapt
between Emmanuel and Parker's Piece,
I must tell you
that the squirrels are asleep,
but for all that
I called in at the Blue Boar:
you'll remember the place!

Litir gu Carol

Leth saoghail air adhart
a' coiseachd nan stràidean cumhang sin
'nam aonar,
's na clobhsaichean fada
tha fiaradh eadar seann thogalaichean,
cabhsairean coileanta eachdraidh,
tha na h-ainmeannan air leac mo chuimhne,
Pety Cury is All Saints' Passage,
is chì mi sanas anns a' bhùth-leabhraichean –
'Theology Downstairs' –
gun teagamh, dhòmhsa co-dhiù;
an abhainn dorch air oidhche foghair
's na puntaichean ris a' chidhe.
Ma tha thu 'n dùil gun tug mo chridhe
leum às
eadar Emmanuel is Parker's Piece
feumaidh mi innse dhut
gu bheil na feòragan 'nan cadal,
ach an dèidh sin 's 'na dhèidh
thadhail mi anns a' *Bhlue Boar:*
bidh cuimhne agad air an àite!

Jesus College, 21·XI·81

High, high in the heavens
on a day of blue skies,
in a world's youth,
music that can be heard by a sharp ear
not yet filled
with anxiety's wax,
bird-song bare feet
can dance to,
and the eye glimpsing,
at the edge of its range,
a mite that has lost its grip, almost,
on mother earth:
a lark.

You are as deep now
in the texture of my life
as the lark was high,
but still, in the calm,
I can hear that voice
that awakens freshness,
and blueness, and the youth
that is locked in the cirrus of memory.

Ard, àrd anns an speur
air latha gorm,
ann an òige saoghail,
ceòl a thogas cluais fhurachail
nach eil fhathast air lìonadh
le cèir cùraim,
ceilearadh ris an danns
casan rùisgte,
is an t-sùil a' dearcadh,
air iomall lèirsinn,
frìd a chaill, cha mhòr, a ghrèim
air talamh tròcair:
uiseag.

Tha thu cho domhainn a-nis
ann an inneach mo bheatha
's a bha 'n uiseag àrd,
ach fhathast, is fèath ann,
cluinnidh mi 'n guth sin
a tha a' dùsgadh fionnaireachd,
is guirme, 's an òig'
a tha glaiste ann an cioras na cuimhne.

These little birds
return to the same trees
to rear their chicks,
the starling bustles noisily on their threshold
and the cunning cat
waits for the eggs,
the worm and the slater
live on their own patch,
the flowers kiss,
the apple-blossom awaits the bee,
and here we are
looking forward to another Spring
in our journey
which we thought, once upon a time,
was going to be a fairly long one.

Na h-eòin bheaga sin
a' tilleadh chon na h-aon chraoibh
a thogail an àil,
an druid a' stararaich mun starsaich ac'
's an cat seòlta
a' feitheamh nan uighean,
a' bhaoiteag 's a' chorra-chòsag
beò air an iomair fhèin,
na sìtheanan a' pògadh a chèile,
is blàth an abhaill a' feitheamh an t-seillein,
is sinne ann a seo
a' togail ri earrach eile
anns a' chuairt againne
a shaoil sinn, là dha robh sinn,
a bha gu bhith gu math fada.

I   *Gormshuil*
        they called me,
        though my eyes were
        dark-brown,
        a pool
        in which a heart could drown.

        Velvet
        they were too,
        smooth, soft,
        in which hauteur
        was quenched,
        desire swelled,
        where there was love-talk and mockery.

        Disappointment it was
        at the end of the day,
        only a foolish woman
        would expect
        exhilaration
        to last
        when it came to the draining.

1   Gormshuil
     a thug iad orm
     gad a bha mo shùilean
     dubh-dhonn,
     linne
     anns an deidheadh cridhe fodha.

     Meileabhaid
     a bh' annta cuideachd,
     mìn, bog,
     anns am biodh mòrchuis
     air a mùchadh,
     miann ag at,
     mànran is magadh.

     Mealladh a bh' ann
     aig a' cheann thall,
     cò ach òinnseach
     a shaoileadh
     gum maireadh
     an caithream
     nuair a thigeadh an traoghadh?

2   'No Englishwoman could dance like her',
     you said, dressed in your old drugget skirt,
     your boots open
     beside the hearth,
     the eyes dancing.

     'No Englishwoman could sing like her',
     you said, but your own music
     has slipped away from my memory,
     I cannot hear
     whether is was high or low that night
     though I see your lips moving.

     In this long-distanced land
     I say tonight to the paper here,
     you were alive, the world's breath
     was drawn through you,
     you had no word of death,
     fire shone in your eyes.

3   One window to the world,
     and it was getting dirty.

     Two or three hens
     moving to and fro,
     walking heads,
     combs darkening.

     The potatoes lifted —
     such as there were.

'Cha robh tè a Sasainn a dhannsadh rithe'
arsa tusa 'na do sheann chòta drògaid,
le do bhrògan fosgailte
ri taobh na cagailte,
na sùilean ri mirean.

'Cha robh tè a Sasainn a sheinneadh rithe',
arsa tusa, ach tha do cheòl fhèin
air falbh às mo chuimhne,
cha chluinn mi
an ann àrd no ìosal a bha e 'n oidhch' ud,
ged a chì mi do bhilean a' gluasad.

Ann an tìr na fadachd às
canaidh mi nochd ris a' phàipear seo,
bha 'm beò annad, bha anail
an t-saoghail a' sèideadh tromhad,
cha robh guth agad air a' bhàs,
bha teine a' lasadh 'na do shùilean.

3   Aon uinneag air an t-saoghal
'   's i fàs riasach.

Dha no trì chearcan
air ais 's air adhart,
cinn a' coiseachd,
cìreanan a' dorchnachadh.

Am buntàt' air a thogail –
na bh' ann dheth.

4   *A blast of wind against the window,*
hands stroking the cloth,
the sea coming in to the shore.

The bed grown narrow
with the pressing-in of earth,
clatter of gravel on the board.

The grass growing
dense on the ground,
turning grey with the greying of the day.

A world shrunk to a single room,
to the extent of a bed, to breath
coming in gusts under the blankets.

5   *The walls of flesh constantly closing in*
round the hearth,
the ember growing small,
withering to redness,
to a flame in the eye,
to a drop,
to a droplet
instead of a flood,
shortage of turfs for the closing-door,
lack of sun in the blood-stream.

6   *The hand*
tired on the table,
wrinkled with inactivity,
white with the rest
of the years,
the skin suspended from the palm,
the nails neat.

4   Sgal aig a' ghaoith ris an uinneig, (131
na làmhan a' slìobadh an aodaich,
's am muir a' tighinn gu tràigh.

An leabaidh a' fàs cumhang
le bruthadh na h-ùrach,
slacadaich morghain air a' chlàr.

Am feur a' fàs
dùmhail air an talamh,
a' glasadh ann an glasadh an là.

Saoghal air seacadh gu aon seòmar,
gu meud leaptha, gu anail
a' plathcadaich fo na plaideachan.

5   Ballachan na feòla a' sìor iadhadh
mun a' ghrìosaich,
an èibhleag a' fàs beag,
a' crìonadh gu deirge,
gu lasair sùla,
gu boinne,
gu boinneag
an àite buinne,
dìth cheap air an doras-iadht',
dìth grèine air sruth na fala.

6   An làmh
sgìth air a' bhòrd,
seacte le socair,
bàn le fois
nam bliadhnachan,
an craiceann an crochadh ris a' bhois,
na h-ìnean grinn.

Tapping,
jabbing a finger in time's navel,
half-way between going and coming,
locked in a prison of flesh.

7   Going to meet death
without hope, without fear,
as though you were to throw a peat
on the living embers,
waiting till it turns to ash.

8   Hands clasped
coming from communion:
customary clasping,
custom of Easter,
and the company, the companionship,
the nearing, the parting,
memory, forgetfulness,
hardship, ease,
the plane, the maggot,
the yoke, the hymn,
the Garden, the psalm,
the song, the cornyard,
the cry, the chain,
the fire, love,
grace, St. Anthony's fire,
the apple, Adam,
the bridal bed,
the bier.

A' ducail,
a' stobadh meur ann an imleag tìm',
eadar fuireach 's falbh,
glaist' ann am prìosan feòla.

7   A' dol an coinneimh a' bhàis
     gun dòchas, gun eagal,
     mar gun tilgeadh tu fàd
     air na h-èibhleagan beò,
     a' feitheamh gus an teid e 'na luaithre.

8   Le làmhan paisgte
     a' tighinn bhon a' chomanachadh:
     pasgadh na h-àbhaist,
     is àbhaist na Càisge,
     's an comann, an co-chomann,
     an dlùthadh, an sgaradh,
     a' chuimhne, an dìochuimhn',
     an deuchainn, an t-socair,
     an locair, a' chnuimh,
     a' chuing, an laoidh,
     an Gàrradh, an salm,
     an t-òran, an iodhlainn,
     an iollach, an t-slabhraidh,
     an teine, an gràdh,
     an gràs, an teine-dè,
     an t-ubhal, Adhamh,
     an leabaidh-phòsda,
     an eileatrom.

9   *Lying on the branching heather,*
the fingers/twiglets
exploring my body,
sun, and breeze,
and the scent of sap,
a sharp taste on my finger
and a purple coverlet on my face,
my eyes closed —
when youth goes it goes away.

10   *He wasn't dark-haired...*
he wasn't;
words come unsought
when the heart isn't locked up;
lay Your hand on me
in Your holy house,
discipline me in Your cause,
do not let me return
to the pit;
golden-fair
was Your head on the cross,
O place your hand on me,
place your hand.

9   'Nam laigh air an fhraoch   (135
     chraobhach, na meuran aige
     a' ruith air mo chom,
     grian ann, is àile,
     is fàileadh an t-snodhaich,
     blas geur air mo mheòir
     is cuibhrig phurpaidh air m' aodann,
     mo shùilean dùinte –
     nuair a dh' fhalbhas an òige falbhaidh i.

10   Cha b' ann dubh a bha…
     cha b' ann;
     thig briathran gun shireadh
     nuair nach bi an cridhe fo ghlais;
     cuir Do làmh orm
     'na Do thaigh naomh,
     smachdaich mi ann ad adhbhar,
     na leig leam pilleadh
     dhan a' chlais;
     buidhe-bàn
     a bha Do cheann air a' chrois,
     O cuir do làmh orm,
     cuir do làmh.

11   *'But once I was a queen'—*
I'm not sure
what that brought me,
joy or sorrow:
diamonds gleam still
in my ragged clothes,
the authority that left
the red-rimmed eyes,
the joy struck by
hoarseness,
the cover
that lay on the merry-making.
Never mind—
I had my day,
and what queen
can keep for ever
diamonds in her eyes,
or what skin
still stays smooth
when the earth rubs against it?

12   *One night*
in the barn
when the wind
turned the world round
I was young
and I grew old
beside the wall.
O bless for us
our daily bread,
and do not fast.
Do not let the seed
recede.

11   'Ach bha mi uair 'na mo bhàn-righ' –
      chan eil mi cinnteach
      dè choisinn sin dhomh,
      sòlas no doilgheas:
      daoimeanan a' deàlradh fhathast
      'nam aodach phiullach,
      an smachd a dh' fhalbh
      às na sùilean prabach,
      an aighear air na bhuail
      an tùchadh,
      am brat
      a laigh air an t-sùgradh.
      Is coma –
      bha an là sin ann,
      is cò a' bhàn-righ
      a ghleidheas a chaoidh
      daoimeanan 'na sùilean,
      no 'n cneas
      a bhios fhathast mìn
      is suathadh ùir ris?

12   Oidhch'
      anns an t-sabhal
      nuair a chuir a' ghaoth
      car dhan an t-saoghal
      bha mi òg
      is dh' fhàs mi aosd
      ri taobh an tallain.
      O beannaich
      dhuinn ar n-aran làitheil,
      is na traisg.
      Na leig leis an t-sìol
      sìolaidheadh.

138)   13   *Fruitless*
             on Judgement Day!
             With no drop coming
             from a breast:
             how did I keep my treasure
             under plaid and coat
             until the dark came,
             my jewel
             wrapped in linen,
             my honey beguiled?

        14   *Enough*
             of your sermons,
             you've battered me
             with wisdom and piety,
             and neighbours' talk:
             I am still
             as I was,
             my ember's flame shivering
             in the self-same hearth,
             my bonfire unquenched.

13 Seasg
air Là a' Bhreitheanais!
Gun bhoinne a' sileadh
à cìch:
cuime ghlèidh mi m' ulaidh
fo phlèad 's fo chòta
gus an dàinig an dorcha,
mo leug
air a suaineadh ann an anart,
mo mhil air a mealladh?

14 Coma leam
dha do chuid searmoinean,
's tu air mo phronnadh
le gliocas is cràbhadh,
is còmhradh nàbannan:
tha mise fhathast
mar a bhà mi,
lasair m' èibhleig air chrith
anns a' chagailt chiand,
mo thein'-aigheir gun smàladh.

Some of these poems have previously appeared in the following anthologies and periodicals, and we wish to make due acknowledgement to the editors and publishers of these:

A Second Scottish Poetry Book; Aberdeen University Review; Chapman; College Courant; Comhar; Gairm; Lines Review, Modern Scottish Poetry 1925-1985; New Writing Scotland; Orbis; Poetry Ireland Review; The Best of Scottish Poetry; The Poetry Society Anthology 1991; Two Plus Two; Voices of our Kind; Writers in Brief pamphlet.

First published in Great Britain in 1991
by Canongate Press · 14 Frederick Street · Edinburgh
Copyright © Derick Thomson, 1991

The publishers acknowledge the subsidy of the
Scottish Arts Council towards the publication of this volume.

British Library Cataloguing-in-Publication Data

   MacThòmais, Ruaraidh, 1921–
     Smeur an Dòchais = The Bramble of Hope
     1. Title
     891.6313

     ISBN 0 86241 351 6

Typeset in 11/15pt Adobe Garamond
Designed by Dalrymple
Printed and bound in Great Britain
by Mackays of Chatham PLC